GAUTIER

W0357190

LAS ACEITUNAS
Y OTROS PASOS

LOPE DE RUEDA

LAS ACEITUNAS Y OTROS PASOS

Edición a cargo de: Berta Pallares
Ilustraciones: Per Illum

EASY READERS · LECTURAS FACILES
ER

EDICIÓN SIMPLIFICADA PARA
USO ESCOLAR Y AUTOESTUDIO

Esta edición, cuyo vocabulario se ha elegido entre las palabras españolas más usadas (según CENTRALA ORDFÖRRÅDET I SPANSKAN de Gorosch, Pontoppidan-Sjövall y el VOCABULARIO BÁSICO de Arias, Pallares, Alegre), ha sido resumida y simplificada para satisfacer las necesidades de los estudiantes de español con unos conocimientos un poco avanzados del idioma.
El vocabulario ha sido seleccionado también de los libros de texto escolares "Línea", "Encuentros" y "Puente", comparado con "Camino" y "Un nivel umbral" del Consejo de Europa.

Editora: Ulla Malmmose

© 1985 por ASCHEHOUG A/S (Egmont)
ISBN Dinamarca 87-11-07397-7
www.easyreader.dk

Impreso en Dinamarca por
Sangill Grafisk Produktion, Holme-Olstrup

LOPE DE RUEDA
(Sevilla 1510(?)-Córdoba 1565)

Se le considera como el primer representante de importancia del teatro popular español y padre del teatro realista en prosa. Fue un escritor muy ingenioso y como actor fue muy celebrado en su tiempo y después de su muerte. Formó una compañía de teatro y con ella recorrió España representando las piezas que él mismo escribía.

Su producción presenta dos aspectos: el popular de los «Pasos» y el culto y novelesco de las «Comedias» en las que se ve clara la influencia italiana, sobre todo la de las comedias «de enredo». Las comedias de Rueda suponen el triunfo de la influencia italiana en el teatro español de la época. En las comedias se marca un rasgo muy especial de Rueda: el intercalar en ellas escenas sueltas, un poco al margen del hilo principal. Estas escenas sueltas dentro de la comedia o independientes de ella son los pasos.

El *paso* es una breve anécdota cómica y satírico-burlesca de trama muy sencilla en la que intervienen personajes graciosos, grotescos, simples, un poco tontos, a veces cínicos. Intervienen también personajes normales. Pero unos y otros están sacados del pueblo. Se trata de escenas de la vida cotidiana. Rueda escogió hacer un espectáculo divertido y cómico para divertir y hacer reir a la gente sin otras preocupaciones. Ni censura, ni critica; hace hablar y quiere divertir con las situaciones, a veces grotescas, del vivir diario. Con su teatro ha creado tipos inmortales como el del médico, el bachiller, el estudiante, el labrador, la negra, el bobo.

Los pasos de Rueda no siempre son originales en lo que se refiere al asunto. Por ejemplo *Las aceitunas* es un asunto de origen oriental. El Infante don Juan Manuel también lo usó en su colección de cuentos titulada «El conde Lucanor«: es el famoso cuento de la lechera que se encuentra en otras literaturas. También se inspiró Rueda en el escritor italiano G. Boccaccio. Pero sin embargo la gran originalidad de Rueda está en el arte del diálogo y en haber sabido manejar tanto el diálogo como la lengua desde una óptica teatral, con un claro concepto de lo que es el espectáculo.

Escribió diez pasos independientes que son: *Los criados, La carátula, Cornudo y contento, El convidado, La tierra de Jauja, Pagar y no pagar, Las aceitunas, El rufián cobarde, La generosa paliza* y *Los lacayos ladrones*. Los siete primeros aparecieron recogidos en *El deleitoso* y los otros tres en el *Registro de representantes* en el que se recogen también pasos de otros autores. Ofrecemos hoy los números 7, 2, 3 y 5.

Otras obras de Lope de Rueda: Escribió también coloquios pastoriles y un auto. Entre sus comedias en prosa están: *Eufemia, Armelina, Los engañados, Medora.* En verso; *Discordia y cuestión de amor.*

NOTA DE LENGUA

Los pasos de Lope de Rueda están escritos en la lengua del siglo XVI. Por razones obvias hemos actualizado la lengua lo más posible. No hemos querido forzar demasiado el lenguaje, pero tampoco queremos ofrecer demasiadas formas arcaicas y que, por lo tanto no se usan hoy. Por ello, si el texto lo permite, hemos modernizado totalmente. Pero a veces esto no es posible, sobre todo en las formas de tratamiento.

En «Las aceitunas» consideramos que los padres hablan a la hija de *tú*, mientras que ella les habla a ellos de *usted*. En el original Toruvio le dice a su hija: *dónde vais, vuestra madre* que hoy consideraríamos como forma de *usted* o de plural (vosotros) y en todo caso son formas que estamos muy lejos de considerar hoy, al verlas escritas, como formas de *tú*.

En «La tierra de Jauja» aparecen formas de tratamiento como *vuestra merced* o *vuesa merced,* ambas: *usted,* pero conservamos la forma *vuestra merced* porque el *usted* resulta demasiado moderno y ajeno a la lengua de Rueda. La prosa del siglo XVI no es la del siglo XX. Formas como *tenéis, sois* o *queréis* equivalen a las actuales *usted tiene, usted es, usted quiere.* Una forma como *os casásteis* puede equivaler a *te casaste, usted se casó, os (= vosotros) casásteis.* El *os* no siempre es forma de tratamiento de reverencia sino que es, a veces, un *os* distanciador. En su origen *vos* significó vosotros y con este valor de plural vive hasta el siglo XIV. Pero también se usó como pronombre de cortesía, con valor de singular y más tarde en el siglo XVII perdió este valor de respeto y se usó como pronombre para marcar el distanciamiento al hablar con alguien.

En «La carátula» parece lógico que el criado le hable de usted al amo y el amo de tú al criado. También es lógico que cuando el criado Alameda, ya de santero, habla con el que cree que es Diego Sánchez, un hombre al que conoce, le hable de *tú,* pero cuando cree que es el alma de Diego Sánchez le hable de *usted.* Y le diga: *sois* = es usted y *tenéis* = tiene usted y le trate de *su merced* = usted, o le llame *su magnificiencia.*

En «Cornudo y contento» es también lógico que Martín le hable al médico de usted y que el médico le hable de usted a él, aunque le considere tonto, para marcar la falta de familiaridad. Estos límites no siempre son tan claros. Así el modo de hablar del primo a Martín, según éste le cuenta al médico al referirle el episodio de la purga: el primo le ha hablado de *vos.* Pero cuando al final del paso se consideran amigos Martín y el primo se hablan de *tú;* este *vos* puede interpretarse como un *vos* de cortesía o como un *tú,* pues *tú* y *vos* se usaban a veces indistintamente.

Creemos que a pesar de los problemas que presentan los textos antiguos al modernizarlos, en los que ofrecemos hoy han sido resueltos de una manera coherente.

Índice

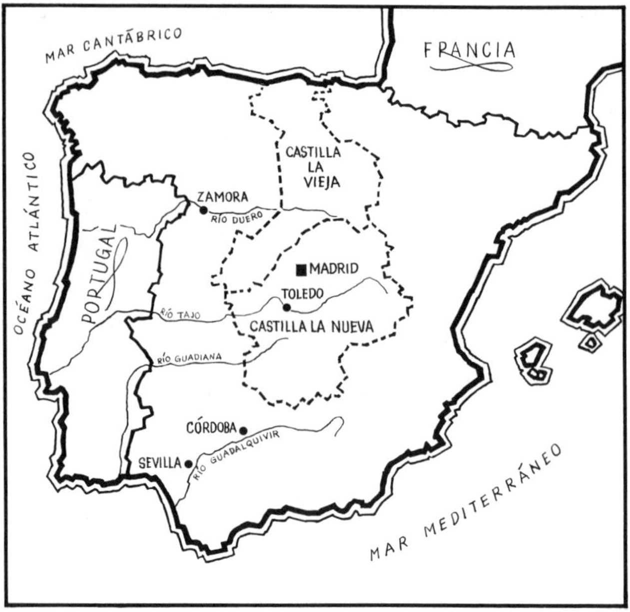
MAR CANTÁBRICO
FRANCIA
OCÉANO ATLÁNTICO
CASTILLA
LA
VIEJA
ZAMORA
RÍO DUERO
PORTUGAL
MADRID
TOLEDO
RÍO TAJO
CASTILLA LA NUEVA
RÍO GUADIANA
CÓRDOBA
SEVILLA
RÍO GUADALQUIVIR
MAR MEDITERRÁNEO

LAS *ACEITUNAS*

TORUVIO, *simple,* viejo
ÁGUEDA DE TORUÉGANO, su mujer
MENCIGÜELA, su hija
ALOXA, el vecino

TORUVIO ¡*Válgame* Dios y qué *tempestad* ha hecho que parecía que el cielo y las *nubes* se querían venir abajo! Pues ahora ¿qué me tendrá

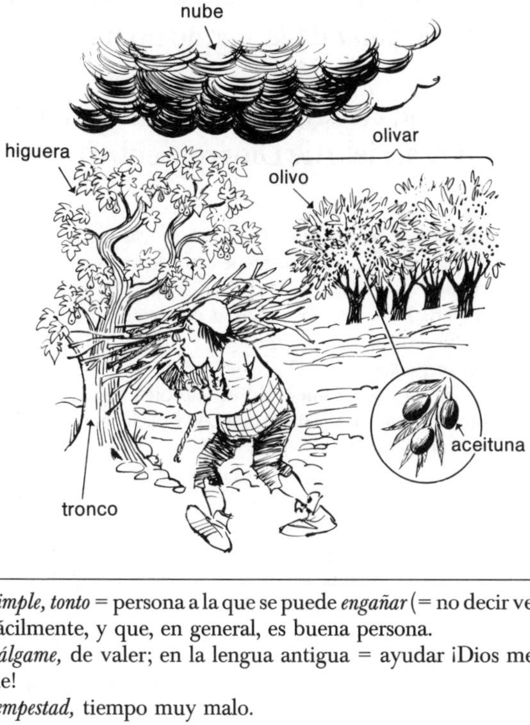

---

simple, tonto = persona a la que se puede *engañar* (= no decir verdad) fácilmente, y que, en general, es buena persona.
válgame, de valer; en la lengua antigua = ayudar ¡Dios me ayude!
tempestad, tiempo muy malo.

preparado de comer la señora de mi mujer? ¡Muchacha Mencigüela!... *Si todos duermen en Zamora*... ¡Águeda de Toruégano!

MENCIGÜELA ¡*Jesús*, padre! ¿Y nos va usted a *romper* las puertas?

TORUVIO ¡Mira qué *pico*!, mira qué pico! ¿Y adónde está tu madre?

MENCIGÜELA Allá está en casa de la vecina, que le ha ido a ayudar a *coser*.

TORUVIO Anda y llámala.

ÁGUEDA Ya, ya, *el de los misterios*, ya viene de hacer una *carguilla* de *leña*, que no hay quien le entienda.

TORUVIO Sí; ¿carguilla de leña le parece a la señora? *Juro* al cielo de Dios que entre tu *ahijado*

---

si todos duermen en Zamora, dicho popular, se usa cuando nadie responde a una llamada o no pone atención en lo que se le dice. *Zamora* (ver mapa).
Jesús, el hijo de Dios, Jesucristo. Se usa como exclamación para indicar muchas cosas.
romper, hacer pedazos.
pico, aquí, fig. la boca. Quiere decir: qué bien hablas.
coser, juntar con *aguja* e *hilo* dos o más pedazos de tela o hacer con la aguja y el hilo figuras.

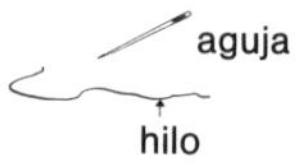

el de los misterios, el misterioso.
carguilla, diminutivo despectivo de *carga*, lo que se puede llevar de una sola vez a la espalda, de *cargar* = llevar a la espalda.
leña, pedazos de madera para el fuego.
jurar, afirmar o negar algo usando el nombre de Dios, de la Virgen María o de algún santo.
ahijado, el que ha sido llevado a *bautizar* (= poner el nombre en la iglesia) Aquí por Águeda.

y yo no podíamos cargarla.

ÁGUEDA ¡Ya! Marido ¡y qué *mojado* que vienes!

TORUVIO *Vengo hecho una sopa* de agua. Mujer, por tu vida, dame algo de *cenar.*

ÁGUEDA ¿Yo? si no tengo cosa ninguna...

MENCIGÜELA ¡Jesús, padre y qué mojada que venía aquella leña!

TORUVIO Después dirá tu madre que...

ÁGUEDA Corre, muchacha, prepárale un par de *huevos* para que cene tu padre, y hazle enseguida la cama. Yo estoy segura, *marido,* de que nunca te acordaste de *plantar* aquel *renuevo* de aceitunas que te rogué que plantaras.

TORUVIO Pues ¿en qué crees que me he detenido sino en plantarlo como me rogaste?

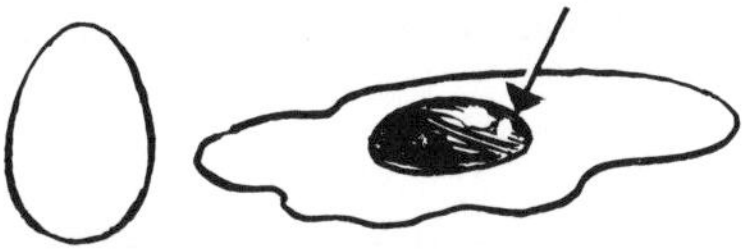

---

mojado, con agua en las ropas y en el cuerpo a causa del mal tiempo.
venir, ir o estar hecho una sopa, estar muy mojado.
cena, la comida de la noche.
marido, el hombre con el que vive una mujer y con el que está *casada,* unida a él, para vivir juntos. Esta unión se hace ante la Iglesia o ante el Estado.
plantar, meter en la tierra el *renuevo* (= arbolito) para que crezca.

ÁGUEDA Calla, marido, y ¿dónde lo plantaste?

TORUVIO Allí, junto a la *higuera,* adonde, si te acuerdas, te di un *beso.*

MENCIGÜELA Padre, ya puede entrar a cenar, que ya está preparado todo.

ÁGUEDA Marido, ¿no sabes lo que he pensado? Que aquel renuevo de aceitunas que plantaste hoy, de aquí a seis o siete años llevará cuatro o cinco *fanegas* de aceitunas, y que poniendo plantas acá y plantas allá, de aquí a veinticinco o treinta años tendremos un gran *olivar.*

TORUVIO Esa es la verdad, mujer, que no puede dejar de ser bonito.

ÁGUEDA Mira, marido: ¿sabes qué he pensado? Que yo cogeré la aceituna y tú la traerás con el *asnillo,* y Mencigüela la venderá en la *plaza.* Y mira, muchacha, que no las vendas a menos de dos *reales castellanos* el celemín.

TORUVIO ¿Cómo a dos reales castellanos?

---

higuera, ver ilustración en pág. 9.
beso, acción de *besar,* tocar una cosa o a una persona con los labios en señal de que se la quiere.
fanega, medida que vale como 55 litros y tiene 12 celemines; el *celemín* tiene cuatro *cuartillos.*
olivar, lugar donde hay muchos *olivos,* árbol que da las aceitunas, ver ilustración en pág. 9.
asnillo, diminutivo de *asno,* se le llama también *burro* y *borrico.*
plaza, lugar donde se venden cosas, en especial de comer.
real castellano, moneda (= dinero) antigua de *Castilla* (ver mapa). Hoy el *real* es la cuarta parte de la peseta, unidad de moneda.

¿No ves que es *cargo de conciencia,* y que basta pedir catorce o quince *dineros* por *celemín?*

---

cargo de conciencia, frase que se emplea cuando se hace o se ha hecho algo que no se debe hacer.
dineros, moneda antigua que se usaba en Castilla, valía menos que el real.

ÁGUEDA Calla, marido, que el olivo es de la *casta* de los de *Córdoba.*

TORUVIO Pues aunque sea de la casta de los de Córdoba, basta con pedir lo que he dicho.

ÁGUEDA *No me rompas la cabeza.* Mira, muchacha, que te mando que no vendas las aceitunas a menos de a dos reales castellanos el celemín.

TORUVIO ¿Cómo a dos reales castellanos? Ven acá, muchacha: ¿a cuánto has de pedir?

MENCIGÜELA A como quiera usted, padre.

TORUVIO A catorce o quince dineros el celemín.

MENCIGÜELA Así lo haré, padre.

ÁGUEDA ¿Cómo «así lo haré, padre»? Ven acá, muchacha: ¿Cuánto has de pedir?

MENCIGÜELA A como mande usted, madre.

ÁGUEDA A dos reales castellanos.

TORUVIO ¿Cómo a dos reales castellanos? Yo te aseguro que si no haces lo que te mando, te voy a dar más de doscientos *palos.* ¿A cuánto has de pedir?

MENCIGÜELA A como dice usted, padre.

TORUVIO A catorce o quince dineros.

MENCIGÜELA Así lo haré, padre.

---

casta, familia, calidad.
Córdoba, (ver mapa) es tierra de olivares.
no me rompas la cabeza, aquí fig. no me hagas pensar más, ni discutir.
palo, aquí: golpe dado con el *palo,* ver ilustración en pág. 15.

palo

ÁGUEDA ¿Cómo «así lo haré, padre»? *Toma,* toma, haz lo que te mando.

TORUVIO Deja a la muchacha.

MENCIGÜELA ¡Ay, madre; ay, padre, que me mata!

ALOXA ¿Qué es esto, vecinos, porqué maltratáis así a la muchacha?

ÁGUEDA ¡Ay, señor! Este mal hombre que quiere vender las aceitunas a menos precio de lo que valen y quiere *echar a perder* mi casa. ¡Unas aceitunas que son como *nueces*!

TORUVIO Yo juro que no son ni aún como *piñones.*

ÁGUEDA Sí son como nueces.

TORUVIO No son como nueces; son como piñones.

ALOXA Bueno, señora vecina, haga el favor de

nuez
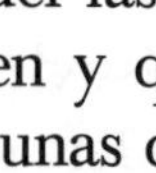

piñón
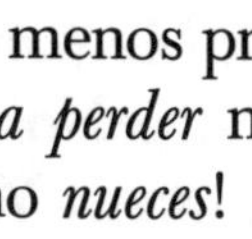

---

toma, se dice cuando se le pega a alguien.
echar a perder, aquí: perder; echar +a+ verbo indica dar principio a la acción del verbo, o como aquí, ser causa de ella.
nuez, plural: nueces.

entrar allá adentro, que yo lo *averiguaré* todo.

ÁGUEDA Averigüe, averigüe.

ALOXA Señor vecino, ¿dónde están las aceitunas? Sáquelas aquí afuera que yo las compraré todas, aunque sean veinte fanegas.

TORUVIO Que no, señor; que no es de la manera que usted piensa, que no están las aceitunas aquí en casa, sino en la *heredad.*

ALOXA Pues tráigalas aquí, que yo las compraré todas al precio que sea justo.

MENCIGÜELA Mi madre quiere que se venda a dos reales el celemín.

ALOXA Me parece caro.

TORUVIO ¿No le parece a usted?

MENCIGÜELA Y mi padre quiere que las venda a quince dineros.

ALOXA Enséñemelas para que yo pueda decir lo que me parezca.

TORUVIO ¡Válgame Dios, señor! No me quiere entender. Yo he plantado hoy un renuevo de aceitunas, y dice mi mujer que de aquí a seis o siete años tendremos cuatro o cinco fanegas de aceitunas, y que ella las cogería, y que yo las llevaría al *mercado* y la muchacha las vendería, y que a la fuerza tiene que pedir dos reales por ce-

---

averiguar, buscar la verdad o la causa de algo hasta encontrarlas.
heredad, campo, finca.
mercado, lugar donde se venden cosas, en general de comer y suele estar en la plaza.

lemín; yo que no, ella que sí, y sobre esto ha sido la *disputa*.

ALOXA ¡Oh qué *graciosa* disputa; nunca tal se ha visto! Las aceitunas aún no están plantadas ¿y ya le han dado a la muchacha una *paliza* a causa de ellas?

MENCIGÜELA ¿Qué le parece, señor?

TORUVIO No llores, hija. La muchacha, señor es como el oro. *Anda,* hija, ponme la mesa, que yo te prometo hacerte un vestido con el dinero de las primeras aceitunas que se vendan.

ALOXA Bueno, vecino, entre allá dentro y *haga las paces* con su mujer.

TORUVIO Adios, señor.

ALOXA Por cierto, ¡qué cosas vemos en esta vida! Las aceitunas no están plantadas, y ya las hemos visto *reñidas*. Bueno será que dé fin a mi *embajada*.

---

disputa, conversación entre dos personas que no piensan de la misma manera y están una en contra de lo que dice la otra.
graciosa, divertida, que hace reir.
paliza, muchos golpes dados con un palo u otra cosa.
anda, de andar. Se usa como exclamación para indicar que debe hacerse una cosa.
hacer las paces, aquí: olvidar las palabras, que se han dicho antes entre sí.
reñidas, aquí: se ha reñido (= disputado) sobre ellas.
embajada, aquí: lo que debía hacer. Saber la causa de la disputa y poner en paz a los vecinos.

Preguntas

1. Comente en qué está la situación cómica de este 'paso'.
2. Comente el tema de las ilusiones sin fundamento. ¿Cómo reacciona cada uno de los personajes?
3. ¿Cuál es la situación de Mencigüela?
4. ¿Cuáles son los rasgos más significativos del carácter de cada uno de los personajes?
5. Si conoce algún ejemplo famoso sobre el mismo tema (pregunta núm. 2) ¿quiere compararlo con el de Las aceitunas?

LA TIERRA DE *JAUJA*

HONZIGERA, *ladrón*
PANARIZO, ladrón
MENDRUGO, simple, tonto

HONZIGERA Anda, anda, Panarizo, no te quedes atrás, que ahora es tiempo de hacer algo, que la

Jauja, hoy se toma como país *imaginario* (= no real) en el que todo sucede bien. Jauja, ciudad del Perú a más de 3.000 metros sobre el mar; en los tiempos antiguos la gente iba a *curarse* (= ponerse bien el que está enfermo). Esta fama de Jauja llegó a España y entró en la expresión: 'Esto es Jauja' que se usa hoy para indicar que algo es muy bueno.
ladrón, el que *roba* (= robar, quitarle alguna cosa a alguien).

gente está tranquila y las *bolsas descuidadas.*

PANARIZO ¿Qué quieres? ¿Puedes dar más voces? Me dejaste *empeñado* en la *taberna* y además estás dando voces.

HONZIGERA ¿Por dos dineros que bebimos quedaste empeñado?

PANARIZO ¿Pues no? ¡Si no los tenía!

HONZIGERA Si no los tenías, ¿qué hiciste?

PANARIZO ¿Qué iba a hacer sino dejar la *espada*?

HONZIGERA ¿La espada?

PANARIZO Sí, la espada.

HONZIGERA ¿Dejaste la espada sabiendo lo que vamos a hacer?

PANARIZO Mira, hermano, saca algo que comamos que yo tengo mucha *hambre.*

HONZIGERA Yo tengo más que tú. Y por eso estoy esperando aquí a uno que lleva de comer a su mujer que está en la *cárcel.* Sé que le lleva una *cazuela* con buena comida y vamos a contarle aquellos *cuentos* de la tierra de Jauja y

---

bolsa, espada, ver ilustración en pág. 19.
descuidado, sin poner atención, aquí en las bolsas.
empeñado, que no puede pagar y en vez de dinero tiene que dejar otra cosa.
taberna, lugar donde se va a beber, en general vino.
tener hambre, tener gana de comer y necesidad de hacerlo.
cárcel, lugar donde se lleva a los que hacen algo contra la ley.
cazuela, ver ilustración en pág. 19.
cuentos, historias.

se quedará tan *embebido* que, mientras, podremos llenar nuestras *panzas.*

(Entra *Mendrugo,* simple, cantando)

MENDRUGO Mala noche me diste María del Rión.

PANARIZO ¡*Hola*! ¡*Ea*! ¿Vamos?

MENDRUGO Sí, señor, ya voy acabando, espere: Mala noche me diste. Dios te la dé peor...

HONZIGERA ¡Hola!

MENDRUGO ¿Hablan *vuestras mercedes* conmigo o con ella?

HONZIGERA ¿Quién es ella?

MENDRUGO Una que es *redonda* con sus dos *asas* y abierta por arriba.

PANARIZO La verdad es que no hay quien acierte tan extraña pregunta.

MENDRUGO ¿*Se dan por vencidos*?

PANARIZO Sí.

MENDRUGO Cazuela.

---

embebido, aquí: lleno de *admiración,* de admirar.
panza, asa, ver ilustración en pág. 19.
mendrugo, trozo de pan duro y malo. Se dice de las personas simples.
¡*hola*! en la lengua antigua se usaba para llamar la atención de alguien y como aquí, lo mismo que ¡*ea*!, para dar fuerza a lo que se va a hacer.
vuestras mercedes = ustedes, ver Nota de lengua.
redondo, que tiene forma de *círculo.*

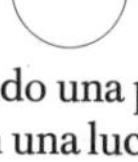
← círculo

darse por vencido, frase fija se dice en los juegos cuando una parte se cansa de buscar la solución a algo; *vencer* = ganar en una lucha; *vencido* = el que pierde.

HONZIGERA ¿Llevas una cazuela?
MENDRUGO Que no, ¡qué *ligeros* son de manos!
PANARIZO Pues dinos adónde vas.
MENDRUGO Voy a la cárcel.
PANARIZO ¿A la cárcel? ¿A qué?
MENDRUGO Tengo a mi mujer *presa*.
HONZIGERA ¿Y por qué?

MENDRUGO Dicen que por *alcahueta*.
PANARIZO Y tu mujer ¿no tiene alguien que la defienda?

---

ligero, aquí: rápido.
preso, el que está en la cárcel.
alcahueta, mujer que pone en relación a un hombre y a una mujer con fines no buenos, en general de tipo amoroso.

MENDRUGO Sí, señor. Y ahora dicen que le van a dar un *obispado.*

HONZIGERA ¡Obispado!

MENDRUGO Sí, obispado y Dios quiera que ella lo sepa *regir,* que, según dicen, seremos ricos. Diga, señor, ¿sabe vuestra merced qué dan en estos obispados?

PANARIZO ¿Sabes qué dan? Mucha *miel,* mu-

---

obispado, se juega con el valor de *obispado,* en su sentido real = lugar donde el *obispo* ejerce su autoridad y con el sentido familiar = la persona castigada por la Inquisición a llevar en la cabeza una especie de sombrero, con *plumas* y con dibujos, que se parecía a la *mitra* de un obispo. Las alcahuetas eran castigadas por la Inquisición.
regir, dirigir, llevar.
miel, lo que fabrican las *abejas,* de sabor dulce.

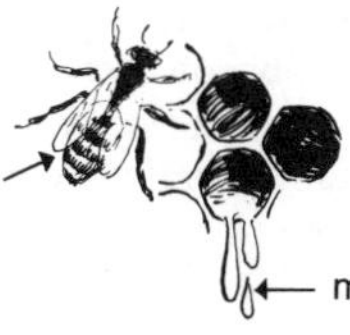

cho *zapato* viejo y…

MENDRUGO ¡Válgame Dios! ¿Todo eso dan? Ya deseo verla *obispesa.*

HONZIGERA ¿Para qué?

MENDRUGO Para ser yo *obispeso.*

HONZIGERA Mucho mejor sería, si tú lo puedes conseguir, que la hicieran obispesa de la tierra de Jauja.

MENDRUGO ¡Cómo! ¿Qué tierra es ésa?

HONZIGERA Una tierra muy buena. Allí a la gente le pagan por dormir.

MENDRUGO ¿De verdad?

PANARIZO Sí, de verdad.

HONZIGERA Ven acá. Siéntate un rato y te contaremos las *maravillas* de la tierra de Jauja.

MENDRUGO ¿De dónde, señor?

PANARIZO De la tierra en la que *azotan* a la gente por trabajar.

MENDRUGO ¡Oh qué buena tierra! Cuénteme las maravillas de esa tierra.

HONZIGERA Ven acá; siéntate aquí en medio de los dos. Mira…

---

zapato, ver ilustración en pág. 19.
obispesa femenino hecho sobre obispo. Pero en la religión católica no existen las obispesas porque las mujeres no pueden ser obispos.
obispeso, forma masculina sobre obispesa, y es forma para hacer reir a la gente. Toda la situación de este paso es cómica.
maravillas, cosas que están fuera de lo común.
azotar, pegar con un *azote.*

MENDRUGO Ya miro.

HONZIGERA Mira, en la tierra de Jauja hay un *río* de miel y junto a él otro de *leche,* y entre río y río hay *mantequillas* y *requesones* y caen en aquel río de la miel, que parece que están diciendo: «cómeme, cómeme».

MENDRUGO No hace falta *convidarme* a mí tantas veces.

PANARIZO Escucha aquí.

MENDRUGO Ya escucho, señor.

PANARIZO Mira: en la tierra de Jauja hay unos

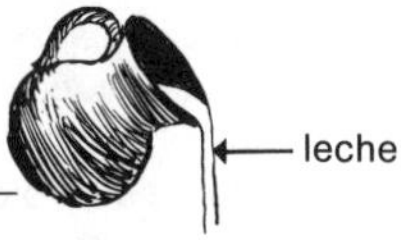

rio, (ver mapa).
mantequilla, requesón, dulces que se hacen con leche.
convidar, invitar.

árboles y sus *troncos* son de *tocino.*

MENDRUGO ¡Oh, *benditos* árboles!

PANARIZO Y las hojas de los árboles son *hojuelas* y estos árboles dan *buñuelos* y caen en el río de miel y dicen: «cómeme, cómeme».

HONZIGERA Mira para acá.

MENDRUGO Ya miro.

HONZIGERA Mira, en la tierra de Jauja las calles están *empedradas* con *yemas* de huevo y entre yema y yema hay trozos de tocino.

MENDRUGO ¿Tocino *asado*?

HONZIGERA Y tan bien asado que dice: «cómeme, cómeme».

MENDRUGO Ya parece que lo como.

sartén

tocino

---

tronco, ver ilustración en pág. 9.
bendito, santo, bueno.
hojuela, juega con hojuela, diminutivo de hoja, del que toma el nombre el dulce *hojuela* que se hace en la *sartén.* Se come poniéndole miel encima. Por eso de una cosa que está muy bien se dice hoy en español que es «miel sobre hojuelas«.
buñuelo, dulce que se hace en la sartén.
empedrar, poner piedras; las calles de Jauja en vez de piedras tienen
yema, ver ilustración en pág 11.
asado, preparado en el *asador* o sobre la lumbre de manera que se pueda comer.

PANARIZO Oye, bobo.
MENDRUGO Ya oigo.
PANARIZO Mira, en la tierra de Jauja hay unos *asadores* muy largos llenos de *gallinas, perdices, conejos*...
MENDRUGO ¡Oh, cómo los como yo!
PANARIZO Y junto a cada ave hay un *cuchillo* y no tienes que hacer más que cortar y las aves dicen: «cómeme, cómeme.»

MENDRUGO ¿Hablan las aves?
HONZIGERA Óyeme.
MENDRUGO Ya le oigo. Estaría todo el día oyendo hablar de cosas de comer.
HONZIGERA Mira: en la tierra de Jauja hay muchas cosas dulces y hay un vino que dice él mismo: «bébeme, bébeme.»
MENDRUGO Me parece que estoy comiendo y bebiendo.

PANARIZO Mira: en la tierra de Jauja hay muchas cazuelas con *arroz* y huevos y *queso.*

MENDRUGO ¿Como ésta que yo traigo?

PANARIZO Sí, como ésa y... que vienen llenas y... *ofrezco al diablo la cosa...*

MENDRUGO ¡Válgalos el diablo, Dios les guarde! Pero ¿dónde están los que me contaban de la tierra de Jauja? ¿Dónde está mi cazuela? ¡Oh, cómo me han *engañado*! ¡Llévelos el *diablo*! Si había tanto de comer en su tierra ¿por qué me han comido mi cazuela? Juro que enviaré tras ellos a los de la *Hermandad.*

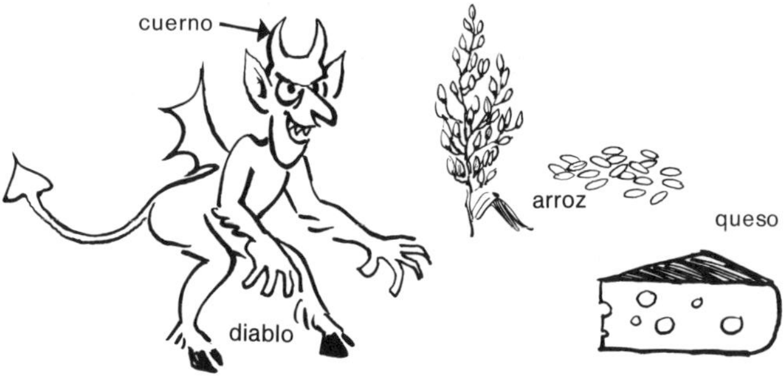

---

y ofrezco al diablo la cosa, aquí: frase empleada para poner fin a la conversación de una manera inesperada y poder irse pues ya han comido la cazuela (= la comida que Mendrugo llevaba en la cazuela).
engañar, hacer creer a alguien, como si fuera verdad, una cosa que no lo es, que es *mentira* = no verdad.
Hermandad, La Santa Hermandad fue creada por los Reyes Católicos, Fernando e Isabel en 1476; era un *tribunal* (aquí: personas que hacen justicia) que castigaba los *delitos* (= hecho que va contra la ley) que se *cometían* (= hacían) en los caminos.

Preguntas

1. Si usted sabe que 'mendrugo' además de ser un trozo de pan viejo y duro, es también el nombre que se le da a una persona que no puede pensar mucho porque es un poco tonta ¿quiere analizar el caso del personaje Mendrugo? ¿En qué momentos actúa como un verdadero mendrugo?
2. Describa el carácter de los otros dos personajes.
3. Comente los dos planos del 'paso': el real y el de la fantasía. ¿Cómo están presentados estos dos planos? ¿Cuál de los dos ladrones le parece que tiene más fantasía para describir la tierra de Jauja? Razone su respuesta.
4. Analice una por una todas las situaciones cómicas que provoca Mendrugo por su simplicidad.
5. Los ladrones le dicen constantemente a Mendrugo: 'mira...' ¿qué función tiene este 'mira' y por qué se lo dicen a cada momento?
6. ¿Por qué resulta cómico que la mujer de Mendrugo vaya a ser «obispesa»?
7. ¿Cómo le parece a usted el tipo de humor de este 'paso'?
8. ¿Qué tipo de teatro le parece a usted que es el que representan los 'pasos'?

LA *CARÁTULA*

ALAMEDA, simple
SALCEDO, su amo

ALAMEDA ¿Está ahí *vuestra merced,* señor mi amo?
SALCEDO Aquí estoy ¿no lo ves?

carátula

ALAMEDA *Pardiez,* señor; que si no lo hubiera *topado* no lo hubiera podido encontrar, aunque hubiera dado más vueltas que un *podenco.*

SALCEDO Por cierto, Alameda, es cosa que te puedo creer fácilmente.

ALAMEDA Si no me creyera diría que no *estaba en su juicio.* Vengo a tratar con vuestra merced un asunto que tengo en la conciencia, si me tiene *silicio.*

SALCEDO Silencio querrás decir.

---

vuestra merced, ver Nota de lengua.
pardiez, exclamación que indica sorpresa, en general.
topar, encontrar a alguien sin esperarlo. Aquí se ve como Alameda es un poco bobo; *toparse,* encontrarse con alguien.
no estar en su juicio, haber perdido la razón.
silicio, palabra que no existe en español. Como Alameda es un poco tonto dice silicio por silencio, pero también piensa en *cilicio.*

perro podenco

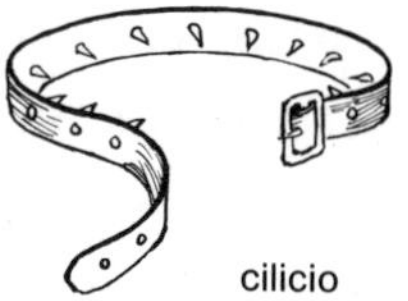
cilicio

ALAMEDA Sí, silencio será; pienso que...

SALCEDO Pues di lo que quieras, que este lugar está bastante *apartado* y es bueno si se trata de que haya silencio o si me tienes que decir una cosa *en secreto*.

ALAMEDA ¿Hay alguien que nos pueda oir por aquí? Mírelo bien porque se trata de una cosa de gran secreto; y cuando me topé con vuestra merced enseguida conocí que era vuestra merced, como si me lo hubieran dicho al oído.

SALCEDO Te creo. ¿Qué hay? Acaba.

ALAMEDA Hable bajo.

SALCEDO ¿Qué esperas?

ALAMEDA Hable más bajo.

SALCEDO Di lo que tengas que decir.

ALAMEDA ¿Hay alguien que nos escuche?

SALCEDO ¿No hemos dicho ya que no hay nadie?

---

apartado, lejos del ruido y de la gente.
en secreto, lo que se dice solamente a una persona a la que se pide que no lo diga a nadie.

ALAMEDA Sepa vuestra merced que he encontrado una cosa con la que podré ser hombre…

SALCEDO ¿Has encontrado una cosa? Quiero ser tu amigo.

ALAMEDA No, no; yo solo lo encontré, yo solo lo quiero *gozar,* si la suerte no me va en contra.

SALCEDO *Muestra* lo que has encontrado: enséñamelo.

ALAMEDA ¿Ha visto vuestra merced un *cernícalo*?

SALCEDO Sí, muy bien.

ALAMEDA Pues lo que yo he encontrado vale mucho más.

SALCEDO ¿Es posible? A ver, muéstramelo.

ALAMEDA No sé si venderla o *empeñarla.*

SALCEDO ¡¡Muéstramela!!

ALAMEDA Despacio, despacio, mírela un poquito.

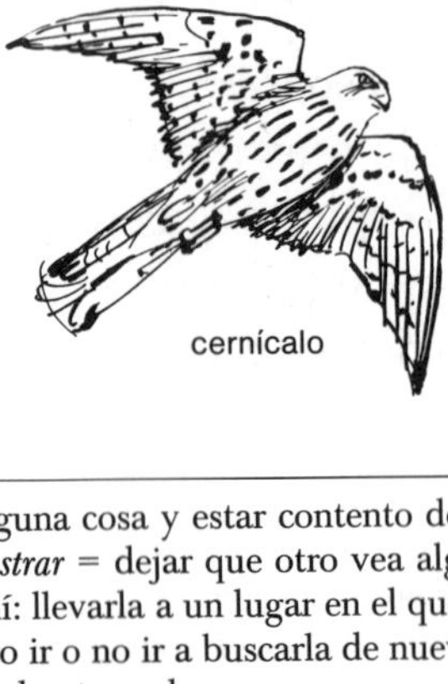
cernícalo

---

gozar, tener alguna cosa y estar contento de tenerla.
muestra, de *mostrar* = dejar que otro vea algo, enseñárselo.
empeñarla, aquí: llevarla a un lugar en el que le darían dinero por ella; para luego ir o no ir a buscarla de nuevo, pagando el dinero que le dieron al entregarla.

SALCEDO ¡Desgraciado de mí! ¿Esto es lo que has encontrado?

ALAMEDA ¡Cómo! ¿No es bueno? Pues sepa vuestra merced que viniendo del *monte* de buscar leña, me la encontré junto al *vallado* del *corralejo* esta cara. Y ¿sabe vuestra merced dónde nacen éstas?

SALCEDO Hermano Alameda, no sé qué decir-

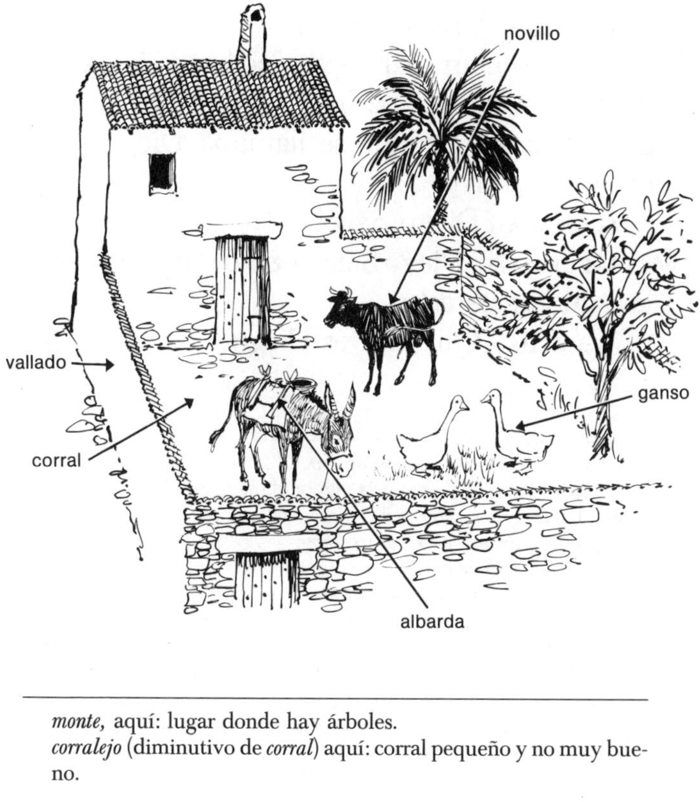

---

monte, aquí: lugar donde hay árboles.
corralejo (diminutivo de *corral*) aquí: corral pequeño y no muy bueno.

te, sino que hubiera sido mejor que se te cayeran las *pestañas* de los ojos antes de que te hubiera *sucedido* una desgracia tan grande.

ALAMEDA ¿Es desgracia que un hombre encuentre una cosa como ésta?

SALCEDO ¡Y cómo si es desgracia! No quisiera estar en tu *piel* por todo el *tesoro de Venecia.* ¿Tú conoces a este hombre? A mí me parece que le conozco.

ALAMEDA A mí también.

SALCEDO Dime, Alameda ¿no has oído hablar del *santero* al que los ladrones le *desollaron* la cara para robarle, ese que se llamaba Diego Sánchez?

ALAMEDA ¿Diego Sánchez?

SALCEDO Sí, Diego Sánchez; no me puedes negar que no es éste.

ALAMEDA ¿Que éste es Diego Sánchez? ¡Oh,

---

pestaña, ver ilustración en pág. 49.
sucedido, de *suceder* = pasarle algo a alguien.
piel, la parte más externa del cuerpo del hombre y de los animales. Aquí: no quisiera estar en tu lugar.
tesoro, cantidad de dinero o de objetos (= cosas) que valen mucho. Es tradicional el valor de los tesoros de *Venecia* (ciudad de Italia) sobre todo en la Italia del siglo XVI (Renacimiento).
santero, hombre que cuida una *ermita* (= especie de iglesia situada casi siempre en *despoblado* (= lugar donde no vive gente) y que lleva de casa en casa una *imagen* (= figura que representa a una persona) *religiosa* (= de un santo, de Jesucristo o de la Virgen). El santero pide *limosna* (= dinero u otra cosa).
desollar, quitar la piel del cuerpo de un animal.

desdichada la madre que me *parió*! Pues ¿por qué Dios no me hizo encontrar unas *alforjas* llenas de pan en lugar de la cara de un desollado? ¡Oye, Diego Sánchez, Diego Sánchez! No, no creo que responda aunque le den muchas voces. Y diga, señor, ¿qué pasó con los ladrones? ¿los han encontrado?

SALCEDO No, no los han encontrado, pero debes de saber, hermano, que la *justicia anda muerta* por saber quiénes son los *delincuentes*.

ALAMEDA Y entonces, señor, ¿soy yo ahora el delincuente?

SALCEDO Sí, hermano.

ALAMEDA Pues ¿qué me harán si me cogen?

SALCEDO El menor mal que te harán será *ahorcarte*.

ALAMEDA ¿Ahorcarme? Y después me *echarán a galeras*. Y además creo, señor, que si me ahor-

---

parir, poner en el mundo el hijo que la mujer ha llevado dentro de ella.
alforjas, ver ilustración en pág. 43.
justicia, se refiere aquí a los hombres que hacen que se cumplan las leyes; *anda muerta* en sentido fig.: tiene muchas ganas de.
delincuente, el que hace algo contra la ley. Aquí los ladrones.
ahorcar, quitarle la vida a alguien *colgándole* (= ponerle en un sitio con los pies en el aire, sin que llegue al suelo y con una *cuerda* en el *cuello* (ver ilustración en pág. 48 y 49).
echar a galeras, era el mayor castigo que se le podía dar a un hombre, era peor que la muerte y de las galeras nunca se volvía pues o se morían en el mar o por las enfermedades o en las guerras; aquí se ve también lo simple que es Alamada: si le ahorcan no pueden mandarlo a *galeras* (ver ilustración en pág. 36).

galera

can se me quitará la gana de comer.

SALCEDO Yo te doy un consejo y es que te vayas a la *ermita* de San Antón y que te hagas santero como era Diego Sánchez y de esa manera la justicia no te hará nada.

ALAMEDA Y dígame, señor, ¿cuánto me costará una *campanilla* como la del pobre Diego Sánchez?

SALCEDO No te hace falta una campanilla. Pero tengo miedo de una cosa.

ALAMEDA Yo tengo miedo de doscientas. ¿Y de qué tiene miedo vuestra merced?

SALCEDO De que si estás solo en la ermita te podría *asombrar* alguna noche el alma de aquel hombre; pero mejor será que te asombre a ti, que no que asombres tú a otros colgado del *pescuezo*.

---

ermita, ver nota a *santero* en pág. 34.
campanilla, ver ilustración en pág. 43.
asombrar, aquí: asustar = dar o causar *susto* (= impresión de miedo).
pescuezo, familiar por cuello.

ALAMEDA Y más yo, que si me *aprieto* un poco la *nuez* no puedo respirar.

SALCEDO Pues, hermano, vete pronto, porque si no lo haces así pudiera ser que te topes con la Justicia.

ALAMEDA ¿Y qué voy a hacer con esta cara o lo que sea?

SALCEDO Esta, déjala aquí que no te encuentren con ella.

ALAMEDA Pues yo me voy. Y ruegue a Dios que me haga buen santero. Adiós, quédese aquí, señor Diego Sánchez.

SALCEDO Ahora le he hecho creer a este animal que esta carátula es la cara de Diego Sánchez. Ahora voy a hacerle una *burla* con ella. Y lo que voy a hacer es esto: me voy a tapar lo mejor que pueda y voy a *salirle al encuentro fingiendo* que soy el alma de Diego Sánchez. ¡Ea! Voy a hacerlo.

(Salcedo se va y aparece Alameda, simple, vestido como santero con una luz en la mano y una campanilla).

ALAMEDA Señores, dadme algún dinero para la *lámpara de aceite*. La vida de santero es vida

---

apretar, aquí: poner los dedos con fuerza sobre la *nuez,* ver ilustración en pág. 49.
burla, aquí: acción con la que se le va a engañar para asustarle y reirse de él.
salir al encuentro, aquí: ponerse en su camino.
fingir, aquí: parecer lo que no es.
lámpara de aceite, ver ilustración en pág. 38.

lámpara de aceite

de mucho trabajo porque no come más que mendrugos de pan; parezco un perro de *conejero* al que no le dan de comer para que *cace* mejor. Yo tenía a los perros como amigos pero ahora como me ven con este *traje* no me conocen y como ven que voy de puerta en puerta y me dan los mendrugos que antes les daban a ellos, vienen a mí con las bocas abiertas. Y lo peor de todo es que no se *mueve un mosquito* en la ermita sin que yo piense que es el alma del santero desollado. Dios me quite tantas penas.

SALCEDO ¡Alameda!

ALAMEDA ¡Ay! Me han llamado. ¿Hay alguien que dé, por Dios, algo para la lámpara de aceite?

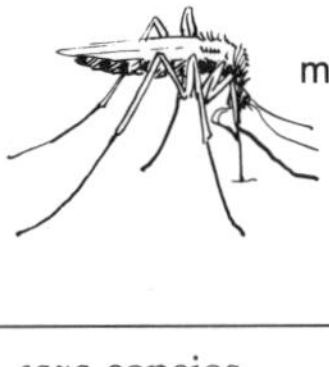

mosquito

conejero, hombre que *caza* conejos.
cazar, perseguir (aquí a los conejos) para cogerlos y matarlos.
traje, vestido de una persona.
moverse un mosquito, aquí figurado, un moverse de algo muy pequeño como un mosquito.

SALCEDO ¡Alameda!

ALAMEDA Ya son dos Alamedas. *Alameda* y en medio del monte no es por algo bueno. ¡Dios esté conmigo!

SALCEDO ¡Alameda!

ALAMEDA El *Espíritu Santo* esté conmigo y contigo, amén. Quizá sea alguien que me quiera dar limosna.

SALCEDO ¡Alameda! ¡Alonso de Alameda!

ALAMEDA Ya saben mi nombre de *pila.* Esto no es por algo bueno. Quiero preguntar quién es. ¿Quién eres?

SALCEDO ¿No me conoces por la voz?

ALAMEDA ¿Por la voz? No, ni tampoco quisiera conocerte por la voz. No te conozco si no te veo la cara.

SALCEDO ¿Conociste a Diego Sánchez?

ALAMEDA Él es, él es. Pero puede ser que no sea él sino otro. Señor, he conocido a siete u ocho que se llaman así.

Alameda, es posible que Alameda juegue aquí con su *apellido* (nombre de familia) y con la palabra *alameda* = lugar donde hay muchos álamos (= una clase de árbol) porque las alamedas por lo general están a las orillas de los ríos.

Espíritu Santo, tercera persona de la Santísima Trinidad (de tres) formada por Dios Padre, Dios Hijo (= Jesucristo) y el Espíritu Santo.

pila, nombre de pila es el que distingue a una persona dentro de la familia, se dice por la pila (ilustración en pág. 50) donde se bautiza a las personas. El nombre de pila se pone delante del nombre de familia (=apellido) para fomar el nombre completo.

SALCEDO Pues ¿cómo no me conoces a mí?

ALAMEDA ¿Sois *vos* alguno de ellos?

SALCEDO Sí soy, porque antes de que me desollasen la cara...

ALAMEDA ¡Él es, él es! ¡Dios me ayude!

SALCEDO Para que me conozcas quiero mostrarme ante ti.

ALAMEDA ¿Ante mi? No. No necesita hacerlo. Pero, señor Diego Sánchez, espere a que pase por el camino otro que le conozca mejor que yo.

SALCEDO No, porque me han *enviado* a ti.

ALAMEDA ¿A mí, señor Diego Sánchez? Tengo miedo.

SALCEDO ¿Me conoces?

ALAMEDA Sí, sí, ya le conozco.

SALCEDO ¿Quién soy yo?

ALAMEDA Si no me *engaño sois* el santero al que le desollaron la cara para robarle.

SALCEDO Sí, soy yo.

ALAMEDA ¿Y no *tenéis* cara?

SALCEDO Antes tenía cara.

ALAMEDA Pues ¿qué quiere ahora *su merced* Diego Sánchez?

---

vos, ver Nota de lengua.
enviar, hacer que alguien vaya a cierto sitio.
engaño, aquí: si no me equivoco.
sois, tenéis, su merced, ver Nota de lengua.

SALCEDO ¿Dónde están los *esqueletos* de los *muertos?*

ALAMEDA A las *sepulturas* me envía. ¿Y comen allá, señor Diego Sánchez?

SALCEDO Sí, ¿por qué lo dices?

ALAMEDA ¿Y qué comen?

SALCEDO *Lechugas* cocidas.

ALAMEDA ¡Mala comida es esa! ¿Y por qué me

---

muerto, el que ha dejado de vivir.

queréis llevar con *vos?*

SALCEDO Porque sin mi *permiso* te pusiste mis ropas.

ALAMEDA Tómelas, tómelas y lléveselas, que no las quiero.

SALCEDO Tú mismo tienes que venir, y si das el *descargo* que debes, podrás marcharte.

ALAMEDA ¿Y si no?

SALCEDO Te quedarás con los esqueletos, y además *queda* otra cosa.

ALAMEDA ¿Qué es, señor?

SALCEDO Sabrás que aquellos que me desollaron, me echaron en un *arroyo*.

ALAMEDA Pues allí estaría *fresco* su *Magnificencia*.

SALCEDO Y es necesario que a la media noche vayas al arroyo y saques mi cuerpo y le lleves al *cementerio* de San Gil que está a la salida del pueblo. Y cuando estés junto al cementerio tienes que decir a grandes voces: ¡Diego Sánchez!

---

queréis, vos, ver Nota de lengua.
permiso, aquí: sin permitirlo yo, y sust. de permitir.
descargo, aquí: la respuesta sobre el *cargo* (= culpa) que se le ha hecho.
queda, aquí: falta, de faltar.
fresco, ni muy frío ni muy caliente; aquí: irónico: está fresco, pero también mojado.
Magnificencia, título y forma de tratamiento un poco cómica; de *magnífico* = extraordinario.
cementerio, lugar rodeado por un muro destinado a enterrar a los muertos, ver ilustración en pág. 41.

ALAMEDA Y diga, señor, ¿tengo que ir enseguida?

SALCEDO Sí, enseguida, enseguida.

ALAMEDA Pues, señor Diego Sánchez, ¿no será

mejor que vaya a casa a buscar un *borrico* para que en él vaya caballero su cuerpo?

SALCEDO Sí, pero vete pronto.

ALAMEDA Vuelvo enseguida.

SALCEDO Anda, que aquí te espero.

ALAMEDA Dígame, señor Diego Sánchez,: ¿cuánto hay de aquí al *día del juicio?*

SALCEDO Dios lo sabe.

ALAMEDA Pues hasta que vos lo sepáis, podéis esperar.

SALCEDO Ven enseguida.

ALAMEDA No comáis hasta que vuelva yo.

SALCEDO ¡Ah! ¿Sí? Espera.

ALAMEDA ¡Santa María me ayude! ¡Dios esté conmigo, que me viene siguiendo!

---

borrico, ver nota a *asnillo* en pág. 12.
día del juicio, el último día del mundo en el que todos los hombres irán ante Dios para responder de su vida.

Preguntas

1. ¿En qué se nota que Alameda es 'simple' o un poco tonto?
2. Comente el valor real de la máscara (o carátula) y el que le concede Alameda.
3. ¿Cuáles son los rasgos principales del carácter de Salcedo?
4. ¿En qué consiste la broma que le da Salcedo a Alameda?
5. ¿De qué elementos se vale Lope de Rueda para subrayar el ambiente de miedo? ¿Cuáles son los recursos humorísticos que emplea? ¿Cuál piensa usted que sería la postura del espectador? ¿Cuál sería la suya como espectador de hoy ante este tipo de piezas?
6. Pensando en el desenlace ¿se puede decir que Alameda es completamente tonto?
7. ¿Quién le parece más 'simple' Mendrugo o Alameda? Razone el porqué de su respuseta.
8. ¿Cree que Alameda seguirá siendo santero?

CORNUDO Y CONTENTO

LUCIO, médico
MARTÍN DE VILLALBA, simple
BÁRBARA, su mujer
JERÓNIMO, *estudiante*

LUCIO ¡Qué mala suerte! Hoy en todo el día no he *recetado* ni una *receta*. Pero ¡mirad quién viene

receta

ahí para quitarme la pena! Este es un animal a quien su mujer le ha hecho creer que está enferma y ello lo hace para pasar *buen rato* con un estudiante. Y el estudiante visita a la mujer más de dos y tres veces por día. Mientras le duren los *pollos* en el corral su mujer tendrá *fiebre*. Sea bien llegado el bueno de Alonso de…

MARTÍN No, señor, Martín de Villalba me llamo.

---

cornudo, se dice del hombre al que su mujer engaña con otro hombre. Literalmente: que tiene *cuernos,* ver ilustración en pág. 28.
estudiante, el que estudia.
recetar, mandar el médico una *medicina* (= lo que pueder *curar,* poner bien) a un enfermo escribiéndolo en un papel especial = *receta.*
buen rato, aquí estar con él como si fuera su marido.
fiebre, calor por encima del normal que tiene una persona cuando está enferma.

LUCIO Pero ¿para qué me trae ésto, hermano Martín de Villalba?

MARTÍN Señor, perdone vuestra merced, que todavía están pequeñitos; pero *cure* a mi mujer, que yo le prometo un *ganso* cuando el ganso esté gordo.

LUCIO Dios le dé *salud.*

MARTÍN No, no; primero a mi mujer, señor.

LUCIO Muchacho, toma esos pollos.

MARTÍN ¿Sabe cómo los ha de comer?

LUCIO No.

MARTÍN Mire: primero les tiene que quitar la

---

curar, devolverle la *salud* (= cualidad de no estar enfermo) que ha perdido.

ganso, ver ilustración en pág. 33.

vida y después quitarle las plumas. Después tirar las plumas y los *hígados* si están malos.

LUCIO ¿Y después?

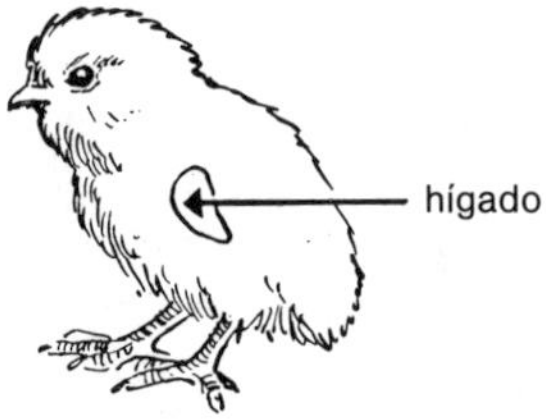

MARTÍN Después ponerlos a *cocer* y comer si tiene gana.

LUCIO Todo eso me parece muy bien. ¿Pero cómo ha estado esta noche *vuestra* mujer?

MARTÍN Señor, algún tiempo ha descansado, que como ha dormido en casa el *primo* suyo, ese que es estudiante, no ha dicho en toda la noche ni una vez «aquí me duele».

LUCIO Yo lo creo. ¿Y el primo está en casa con vuestra mujer?

MARTÍN Pues si no fuera así, mi mujer estaría ya muerta.

LUCIO ¿Tomó bien la *purga?*

MARTÍN ¡Dios mío! No quiso ni mirarla, pero

---

cocer, preparar al fuego de manera que se pueda comer.
vuestra, ver Nota de lengua.
primo, respecto a una persona el hijo o la hija de su *tío* o *tía* (= hermano o hermana del padre o de la madre).
purga, medicina que se toma para limpiar el *estómago* o el *intestino,* ver nota a *recetar* en pág. 46.

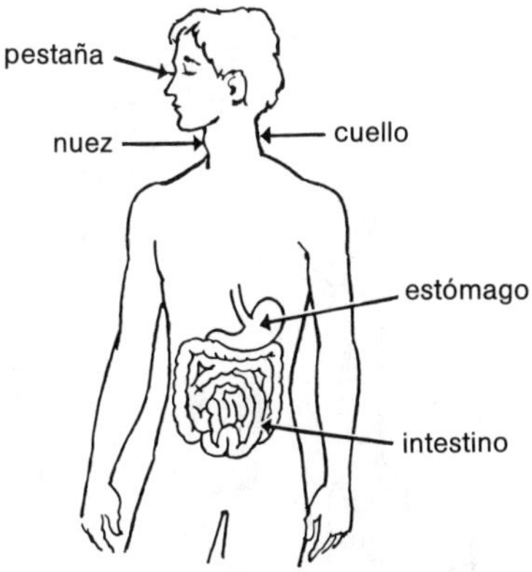

hicimos algo para que la medicina le ayudara.

LUCIO ¿Cómo fue?

MARTÍN Señor, el primo de mi mujer, como ha leído mucho sabe más que el diablo.

LUCIO ¿De qué manera?

MARTÍN Me dijo: «*Mirad,* Martín de Villalba, vuestra mujer no tiene gana de beber esto, y es imposible que lo beba. *Vos decís* que *queréis* bien a vuestra mujer. Y os acordáis que cuando os *casasteis* el *cura* os dijo que teníais que *estar unidos en una misma carne*». Dije yo: «Es verdad».

---

mirad, vos decís, queréis, etc., ver Nota de lengua.
casarse, ver nota a *marido* en pág 11.
cura, sacerdote (= hombre que puede celebrar la *misa,* parte central del culto de la religión católica ver ilustración en pág. 50).
unidos en una misma carne, frase fija que dice el sacerdote cuando se celebra el *matrimonio,* acto por el que dos personas generalmente un hombre y una mujer deciden vivir juntas para toda la vida.

Dijo él: «Pues si es así, si sois una misma carne, tomando vos la purga, le ayudará a vuestra mujer tanto como si ella misma la tomase».

LUCIO ¿Y vos qué hicisteis?

MARTÍN Casi no había acabado el primo de decir la última palabra cuando la *escudilla* estaba vacía y más limpia que la hubiera dejado el gato de Mari Jiménez.

LUCIO Bien le ayudaría la purga a vuestra mujer.

MARTÍN ¡Dios nos ayude! Yo fui el que no pudo dormir, que ella se *despertó* a las once de la mañana, y como a mí el *estómago* me había quedado vacío con aquello de la escudilla, a ella le *aprovechó* tanto que se levantó con tantas ganas de comer que se hubiera comido un *novillo* si se lo hubieran puesto delante.

LUCIO ¿Y en fin… ?

MARTÍN En fin, señor, que como no podía moverme del dolor que sentía me dijo el primo: sois un hombre *sin corazón,* tener tantos dolores por una purga. Y entonces cogió una gallina por el pescuezo, que parece que lo estoy viendo, y en un momento fue asada y comida entre los dos.

LUCIO Yo hubiera sido el tercero.

MARTÍN ¡Ah, madre mía! Yo también lo hubiera sido pero me hicieron creer que lo que yo comiera le *haría daño* a mi mujer.

---

despertar, dejar de dormir.
estómago, ver ilustración en pág. 49.
aprovechar, aquí: servir, ayudar.
novillo, ver ilustración en pág. 33.
hombre sin corazón, aquí: sin sentimientos.
hacer daño, producirle algún mal de tipo físico.

dos puestos. Háblele.

ESTUDIANTE Bien venga el señor Martín de Villalba, marido de la señora mi prima y el mayor amigo que tengo.

MARTÍN ¡Oh, señor primo de mi mujer! ¸Y quién es la *revestida?*

ESTUDIANTE ¡Déjala, no la toques; es una muchacha que nos lava la ropa allá en el *pupilaje.*

MARTÍN ¿De verdad?

ESTUDIANTE De verdad. ¿Te voy a decir a ti una cosa por otra?

MARTÍN Lo creo, no te *enfades;* y ¿adónde la llevas?

ESTUDIANTE A casa de unas buenas mujeres que le van a dar una oración para el mal de la *jaqueca.*

MARTÍN ¿Te burlas de mi?

ESTUDIANTE No.

MARTÍN ¿Necesitas algo?

ESTUDIANTE Ahora no.

MARTÍN Como quieras.

---

revestida, que lleva unas ropas sobre otras. Aquí es Bárbara que sale *disfrazada,* (de *disfrazar* = cambiar su forma para no ser conocida) para que su marido no la conozca.

pupilaje, casa donde viven los estudiantes como *pupilos; pupilo* es el que paga una cantidad de dinero convenida para que le den de comer y le arreglen lo necesario para vivir en cuanto a ropa y comida.

enfadarse, aquí: sentirse descontento (= no contento) por lo que el otro dice.

jaqueca, dolor fuerte de cabeza.

BÁRBARA ¡Qué animal! No me ha conocido, Vamos deprisa.

MARTÍN Oye, oye, primo de mi mujer.

ESTUDIANTE ¿Qué quieres?

MARTÍN Espera, que o yo me engaño o esa es la *saya* de mi mujer. Si es ella, ¿dónde me la llevas?

BÁRBARA Ah, mal hombre. ¡Mira como te acuerdas de mí que te topas conmigo en la calle y no me reconoces!

MARTÍN Calla, calla, no llores que me *partes* el corazón, que yo te reconoceré, mujer, de aquí en adelante aunque no quieras. Pero díme ¿dónde vas? ¿volverás pronto?

BÁRBARA Sí, volveré, que voy a la iglesia a visitar a una santa y a hacerle unas *novenas*.

MARTÍN ¿Novenas?; y ¿qué son novenas, mujer?

BÁRBARA ¿No lo entiendes? Novena se entiende que tengo que estar allí *encerrada* nueve días.

MARTÍN ¿Sin venir a casa, alma mía?

---

saya, ver ilustración en pág. 53.
partir, aquí: romper de dolor, de pena.
hacer novena, ir 9 días seguidos a rezar a la iglesia.
encerrada, aquí: estar dentro de un lugar sin salir de él. Pero Bárbara no dice la verdad porque para hacer una novena no hay que estar encerrado en ningún sitio. Se puede vivir en la propia casa e ir a la iglesia una vez al día.

BÁRBARA Pues claro, sin venir a casa. Y *conviene* una cosa.

MARTÍN ¿Y qué es, mujer de mi corazón?

BÁRBARA Que *ayunes* todos los días que yo esté allí, *a pan y agua* para que la novena aproveche más.

MARTÍN Si sólo es esto, estoy muy contento.

BÁRBARA Adiós, ten cuidado de la casa.

MARTÍN Señora mujer, no hables más como enferma, que el doctor me ha dicho que es a mi a quien tiene que curar.

ESTUDIANTE Queda con Dios Martín de Villalba.

MARTÍN Vé con Dios, primo de mi mujer: no dejes de *aconsejarle* que si se encuentra bien con esas novenas, que las haga *decenas* aunque yo tenga que ayunar un día más por su salud.

ESTUDIANTE Así lo haré. Queda con Dios.

MARTÍN Y que tú vayas con él.

---

conviene, de convenir, ser útil o bueno.
ayunar, no comer ni beber o comer muy poco; *a pan y agua:* comer solamente pan y beber agua. La Iglesia lo manda hacer en algunos tiempos del año.
aconsejar, dar un consejo.
decenas, de diez. No existe, no se rezan 'decenas' Está puesto así para marcar lo simple que es Martín y así mantener hasta el final lo cómico de la situación.

PREGUNTAS

1. Describa a cada uno de los personajes tal como usted los imagina en lo exterior (aspecto físico, edad, vestido, clase social). Si encuentra que hay una diferencia de clase social entre los personajes de este 'paso' y los de los anteriores señale las diferencias. Y razone el porqué de ellas.
2. Analice el carácter de cada uno de los personajes.
3. Analice las relaciones siguientes: Martín-Bárbara; Bárbara-Estudiante; Martín-Estudiante; Martín-Lucio.
4. ¿Qué papel juega el doctor y cuál es su postura ante los hechos?
5. Señale todos los elementos cómicos del 'paso'. Analícelos.
5. ¿Cuál de entre todos los 'pasos' le ha parecido el más rico en situaciones cómicas? ¿Por qué?
6. ¿Qué es para usted el 'paso' como obra de teatro.
7. ¿Cuál es su opinión sobre Lope de Rueda?